Ein Band der zweisprachigen Tusculum-Bücher

Solon: Dichtungen

Sämtliche Fragmente

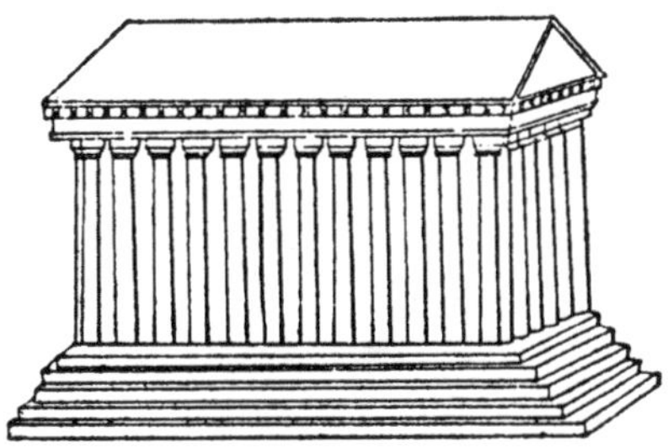

Im Versmaß des Urtextes
ins Deutsche übertragen

von Eberhard Preime

Griechisch und deutsch

Ernst Heimeran Verlag in München · 1945

3. verbesserte Auflage. 1945

Umschlag: Griechische Münze phot. Lanckoronski

Druck von H. Laupp jr in Tübingen

KURT LUTHMER

zugeeignet

„Justitia ergo est propria nobilitas animi“
Rabanus Maurus

Es ist etwas Wunderbares zu wissen, daß einmal ein wahrhaft gerechter Mensch gelebt hat. Wie es etwas Wunderbares ist zu wissen, daß ein mittelalterlicher Meister jene Christusgestalt am Naumburger Lettner gemeißelt, daß Rembrandt die Judenbraut und den Verlorenen Sohn gemalt, daß Bach die h-moll-Messe, Beethoven die letzten Quartette geschrieben und Goethe die Marienbader Elegie gedichtet hat. Man verstehe das nicht falsch: Nicht daß wir Solons Gedichte, von denen überdies die Jahrtausende nur spärliche Reste uns bewahrt haben, diesen größten Kunstleistungen des Abendlandes an die Seite stellen, nein, ihn selber, den Menschen Solon vergleichen wir ihnen, denn der gerechte Mensch ist ein Kunstwerk, das kostbarste und schwierigste vielleicht, dessen ein Sterblicher fähig ist.

Mitten in einer von leidenschaftlichen politischen und geistigen Kämpfen zerrissenen Zeit gelang dem Manne das wahrhaft Große noch einmal: ein Dauerndes zu stiften. „Wenn ein Neues werden und das Alte vergehen soll, müssen sich zwei große Dinge vereinigen: eine weltentflammende ethische Idee und eine soziale Leistung, welche mächtig genug ist, die niedergedrückten Massen um eine große Stufe emporzuheben. Mit nüchternem Verstande und künstlichen Systemen wird dies nicht geschaffen. Den Sieg über den zersplitternden Egoismus und die ertötende Kälte der Herzen wird nur ein großes Ideal erringen." Mit Absicht zitieren wir diese Sätze, die wirklich Solons erlösendes Werk im Innern bezeichnen, aus Fr. A. Langes 1865 geschriebener „Geschichte des Materialismus", um zugleich deutlich zu machen, wie merkwürdig nah uns der Athener gerückt erscheint, der um die Wende des VII. und VI. Jahrhunderts für Griechenland jene Sehnsucht des Deutschen von 1865 erfüllte. Eine ethische Idee und eine soziale Leistung: das waren auch damals die Mächte, die eine kaum noch geglaubte Rettung der Geschichte aus den gierigen Händen des Egoismus möglich machten. Der Begriff des Sozialen war in materieller Gewinngier der Einzelnen, der des Staates im Machtrausch der nach der Tyrannis lüsternen Aristokraten versunken. Ohne die durch Solon Athen geschenkte Staatsidee – denn Ideen treten in der Weltgeschichte immer nur in Persönlichkeiten, niemals namenlos hervor – ist die einzigartige Geschichte dieses wunderbaren geistig-politisch-künstlerischen Organismus nicht zu denken. Und wenn auch Athen eine höchst bewegliche Verfassungsgeschichte aufweist, so hat es doch bis ans Ende niemals vergessen, daß der Geist Solons als schützender Genius über seiner viel umkämpften und stets kostbarer errungenen Dauer walte. Gerade das V. Jahrhundert, das die Lebensbahn der Solonischen Idee über den Gipfel ihres Erdenweges führte, hat es bezeugt: es errichtete dem Solon auf Salamis ein Standbild. Aber zuletzt fand der Geist Solons in Platons unsterblichem Werk seine höchste Verklärung. Die Idee der Gerechtigkeit, Platons Sonne des Guten, sie ist der Himmelssegen, der die stille Tat des Dichters und Staatsmannes Solon zur Unsterblichkeit weihte.

Das Geheimnis echter Gründung liegt im Wesen des Künstlerischen. „Ohne Poesie läßt sich nichts wirken in der Welt" (Goethe). Seither ist das Signum des Künstlerischen, dessen Wesen Unbedingtheit und Ganzheit ist, das Wahrzeichen aller echten Kultur, der die Zweckewelt der Zivilisation zwar mit dem Beweis der Macht zu widerstreiten sucht, gegen deren Leben aber ihr Gemächte allzeit zunichte ward. Daß der Gründer des athenischen Staates ein Dichter war, sollen wir niemals vergessen. Wir erkennen mit tiefer Beglückung und heiligem Glauben solchen Geist wieder, wenn unserem Wissen die Gestalt Friedrichs des Großen, des Gründers der deutschen Staatsidee, lebendig wird, der ein Musiker und Philosoph war. Die Gründer sind keine Flickschuster der Geschichte, sondern Baumeister am Dome des Ewigen.

Als ein Baumeister am Dome des Ewigen steht Solon, der weise, tief fromme Künstler, vor uns, noch immer so klar als Gestalt und so fruchtbar als wirkende Macht, als wandle er neben uns. Er hat gehandelt im Angesicht der Ewigkeit. Seine Gesetzgebung folgte mit jenem „tiefen und unerschütterlichen Ernst", worauf nach Goethes Wort die Kunst ruht, dem Einzigen: Gerechtigkeit. Er hat die Menschen zu wahrhaft menschlicher Freiheit berufen: zu der Freiheit des Dienens am Gemeinsamen. Sie haben es ihm freilich wenig gedankt, aber sie sind ihm zu ihrem eignen Heil gefolgt, sogar Peisistratos, der nach ihm zu Athen die Tyrannis ergriff, aber dennoch den Geist des Solonischen Staatswerkes nicht angetastet hat. Eine gute Gesellschaft gleiche einem Gedicht in Menschen, hat Adam Müller einmal gesagt. Dann ist ein Staat, ein Kulturstaat, ein gewaltiges Epos oder Drama in Völkern, eine Tragödie vielleicht, aber dann eine von den unvergänglichen, wie sie Griechenlands Dichter gedichtet und Deutschlands Musiker gesungen haben. Und an einer anderen Stelle schreibt Adam Müller: „Ein Gefühl, eine Ahnung des Höheren ist es, was die schöne Gesellschaft zurücklassen muß, keine kalte Bewunderung der ausgezeichnetsten Glieder: diese sind nur die höheren Sprossen der Leiter, auf denen das Ganze zu einem reineren, freieren Dasein hinaufgetragen wird.“ Und so stehen denn Solon und Perikles, einander grüßend über die Zeiten wie Verheißung und Erfüllung, in der Geschichte des athenischen Staates, und wahrlich eine Ahnung des Höheren ist wunderbare Beglückung für denjenigen, der sich in die Betrachtung Athens und Griechenlands versenkt.

Aus altem aristokratischen Geschlecht geboren, aber von mäßig begüterten Eltern erzogen, hat Solon, wie es scheint, sich zuerst dem Handel gewidmet. Auf Reisen „erfuhr“ er die Welt. Dann hat ihn sein leidenschaftlicher Patriotismus in die politischen Bahnen gedrängt. Im Kampf um die Wiedergewinnung der Insel Salamis errang er als Politiker die ersten Erfolge. Und als endlich auch Athen, wo die aus überlebtem Aristokratengeist geborene Drakonische Zwangsgesetzgebung von 624 die Probleme der veränderten modernen Welt nicht hatte lösen können, der Gefahr der Tyrannis unaufhaltsam zuzusteuern schien, als Volk und Adel bis zur Wut verfeindet waren, ward ihm im Jahre 594 der Auftrag, ein neues Gesetzgebungswerk durchzuführen. Als Archon, mit aller Vollmacht ausgestattet, ging er ans Werk. Solon entledigte sich der Aufgabe, ohne einen Augenblick an eigenen Gewinn zu denken; ja man hatte sogar erwartet und geraten, daß er sich zum Tyrannen aufschwinge. Die Reinheit seines Handelns stiftete Ehrfurcht, die erste Bedingung für das Erdenwirken alles Großen. Solons Gesetzwerk war nicht revolutionär, denn es gibt keine Ehrfurcht vor dem Ewigen ohne Ehrfurcht vor dem Gewordenen und Bestehenden und Demut vor dem Zukünftigen, dahin der Glaube das Bestehende von innen her zu wandeln sucht. Solon ließ seine Gesetze nach Ablauf seines

Amtsjahres feierlich von dem neu geeinten Volk – (ἅπαντες Ἀθηναῖοι) – beschwören, trat dann selber von der politischen Bühne ab, und es heißt, er sei wieder auf Reisen gegangen. Nach Jahren zurückgekehrt, findet er Athen undankbar. Peisistratos gewinnt die Alleinherrschaft. Aber auch da ist Solon dem Tyrannen, dessen Heraufkommen seine Warnungen nicht verhüten konnten, als Ratgeber zur Seite gestanden, nicht achtend die Vorwürfe niedrig Gesinnter, denn er, der Weise, war längst über alles Ansehen der Person erhaben: er hat bis zuletzt seiner Idee gedient und ihm war keine Form, in der er es tun konnte, zu gering. Hochbetagt und unberührbar seinen Feinden starb er zu Athen. – Er war einer der wahrhaft großen Männer der Weltgeschichte, deren Vermächtnis unsterblich ist.

Kassel, im August 1939 *Dr. Eberhard Preime*

Die Neuauflage 1945 wurde nach dem Heldentode des Herausgebers unter Berücksichtigung seiner eigenen Notizen bearbeitet.

Αὐτὸς κῆρυξ ἦλθον ἀφ' ἱμερτῆς Σαλαμῖνος
κόσμον ἐπέων ᾠδὴν ἀντ' ἀγορῆς θέμενος.

εἴην δὴ τότ' ἐγὼ φολεγάνδριος ἢ Σικινίτης
ἀντί γ' 'Αθηναίου πατρίδ' ἀμειψάμενος·
αἶψα γὰρ ἂν φάτις ἥδε μετ' ἀνθρώποισι γένοιτο·
‚'Αττικὸς οὗτος ἀνὴρ τῶν Σαλαμιναφετῶν.'

ἴομεν ἐς Σαλαμῖνα μαχησόμενοι περὶ νήσου
ἱμερτῆς χαλεπόν τ' αἶσχος ἀπωσόμενοι.

D. 2

DREI FRAGMENTE DER ELEGIE „SALAMIS“

Selber vom lieblichen Salamis kam ich als Herold herüber,
hier, wo man Reden sonst hält, töne mein kunstvolles Lied!

Wär' ich doch statt ein Athener gleich Pholegandrier, gleich ein
Sikinetischer Tropf, tauschend mein väterlich Land;
denn es wird das Gerede alsbald bei den Leuten entstehen:
„Seht, ein Mann aus Athen, auch so ein Salamisheld.“

Auf gen Salamis! Laßt um die köstliche Insel uns kämpfen!
Denn die drückende Schmach von uns zu schütteln ist Zeit.

Γι⟨γ⟩νώσκω – καί μοι φρενὸς ἔνδοθεν ἄλγεα κεῖται –
πρεσβυτάτην ἐσορῶν γαῖαν 'Ιαονίας
κλινομένην . . .

τήν τε φ[ιλαργυρ]ίην τήν θ' ὑπερηφανίην

ὑμεῖς δ' ἡσυχάσαντες ἐνὶ φρεσὶ καρτερὸν ἦτορ,
οἳ πολλῶν ἀγαθῶν ἐς κόρον [ἠ]λάσατε,
ἐν μετρίοισι τ[ίθεσθ]ε μέγαν νόον· οὔτε γὰρ ἡμεῖς
πεισόμεθ', οὔθ' ὑμῖν ἄρτια πά[ντ'] ἔσεται.

D. 4, 1–8

AN DIE BÜRGER

Weh, ich erkenn es genau, - und mir lastet der Schmerz auf der Seele -
wenn ich zu Boden gebeugt, ältestes ionisches Land,
dich nun erblick' . . .

Geldgier und herrischen Sinn, der keine Grenzen mehr kennt

Die ihr in Saus und Braus des Glückes Güter durchschwelgt habt,
zwingt nun das mächtige Herz endlich im Busen zur Ruh!
Schlagt in Fesseln den kühnen Geist! Denn geduldig uns fügen
werden wir nie, und so glatt läuft euer Weg nicht zum Ziel.

Ἡμετέρα δὲ πόλις κατὰ μὲν Διὸς οὔποτ' ὀλεῖται
αἶσαν καὶ μακάρων θεῶν φρένας ἀθανάτων·
τοίη γὰρ μεγάθυμος ἐπίσκοπος ὀβριμοπάτρη
Παλλὰς Ἀθηναίη χεῖρας ὕπερθεν ἔχει.
αὐτοὶ δὲ φθείρειν μεγάλην πόλιν ἀφραδίῃσιν
ἀστοὶ βούλονται χρήμασι πειθόμενοι,
δήμου θ' ἡγεμόνων ἄδικος νόος, οἷσιν ἑτοῖμον
ὕβριος ἐκ μεγάλης ἄλγεα πολλὰ παθεῖν·
οὐ γὰρ ἐπίστανται κατέχειν κόρον οὐδὲ παρούσας
εὐφροσύνας κοσμεῖν δαιτὸς ἐν ἡσυχίῃ.

πλουτοῦσιν δ' ἀδίκοισ' ἔργμασι πειθόμενοι

οὔθ' ἱερῶν κτεάνων οὔτε τι δημοσίων
φειδόμενοι κλέπτουσιν ἐφ' ἁρπαγῇ ἄλλοθεν ἄλλος
οὐδὲ φυλάσσονται σεμνὰ Δίκης θέμεθλα,
ἣ σιγῶσα σύνοιδε τὰ γιγνόμενα πρό τ' ἐόντα,
τῷ δὲ χρόνῳ πάντως ἦλθ' ἀποτεισομένη.
τοῦτ' ἤδη πάσῃ πόλει ἔρχεται ἕλκος ἄφυκτον,
ἐς δὲ κακὴν ταχέως ἤλυθε δουλοσύνην,
ἣ στάσιν ἔμφυλον πόλεμόν θ' εὕδοντ' ἐπεγείρει,
ὃς πολλῶν ἐρατὴν ὤλεσεν ἡλικίην·
ἐκ γὰρ δυσμενέων ταχέως πολυήρατον ἄστυ
τρύχεται ἐν συνόδοις τοῖς ἀδικοῦσι φίλαις.
ταῦτα μὲν ἐν δήμῳ στρέφεται κακά· τῶν δὲ πενιχρῶν
ἱκνοῦνται πολλοὶ γαῖαν ἐς ἀλλοδαπὴν
πραθέντες δεσμοῖσί τ' ἀεικελίοισι δεθέντες.

DIE GROSSE STAATSELEGIE

Ratschluß und Wille des Zeus und der selig-unsterblichen Götter
ist es, daß nie unsre Stadt sinkt in Verderben dahin.
Denn des Allgewaltigen stolze Tochter Athena
breitet von droben die Hand schirmend über sie aus.
Aber sie selbst, die Bürger, verlockt von der Gier nach dem Golde,
wollen der glänzenden Stadt Macht vernichten im Wahn;
ruchlos ist die Gesinnung der Führer des Volkes, doch denen
hat schon das Schicksal bestimmt wegen solch frevelnden Muts
endlose Leiden zu dulden; sie wissen ja niemals die Lüste
maßvoll zu zügeln und nie sich zu bescheiden beim Mahl.

Reichtümer schachern sie all', achten Gesetz nicht noch Recht.

Weder von heiligem Gut, noch von des Staates Besitz
lassen die Finger sie weg, sie rauben und stehlen, wo's angeht.
Dikes heiliger Spruch kümmert die Ruchlosen nicht;
sie aber weiß um Vergang'nes und Künftiges auch, wenn sie schwei-
rächend tritt sie hervor, ist ihre Stunde erst reif. [get,
Das ist jeglichem Staat eine unentrinnbare Wunde;
elender Knechtschaft verfällt schnell eine Stadt, die die Glut
lodernden Bürgerzwists zu entfachen wagt, die verborgen
glimmende, die dann verschlingt Zahlloser Leben und Glück.
Aufruhr, der Frevlern lieb ist, entbrennt, und die Feinde im Innern
knebeln mit blut'ger Gewalt plötzlich die Stadt, die ihr liebt.
Solches Übel geht um im Volk; und Scharen Verarmter
kommen als Sklaven verkauft heimatlos weit in die Welt, [seln.
tief ist ihr Nacken gebeugt und das Haupt durch schmachvolle Fes-

οὕτω δημόσιον κακὸν ἔρχεται οἴκαδ' ἑκάστῳ·
  αὔλειοι δ' ἔτ' ἔχειν οὐκ ἐθέλουσι θύραι,
ὑψηλὸν δ' ὑπὲρ ἕρκος ὑπέρθορεν, ηὗρε δὲ πάντως
  εἰ καὶ τις φεύγων ἐν μυχῷ ᾖ θαλάμου.
ταῦτα διδάξαι θυμὸς Ἀθηναίους με κελεύει,
  ὡς κακὰ πλεῖστα πόλει Δυσνομίη παρέχει,
Εὐνομίη δ' εὔκοσμα καὶ ἄρτια πάντ' ἀποφαίνει
  καὶ θαμὰ τοῖς ἀδίκοις' ἀμφιτίθησι πέδας·
τραχέα λειαίνει, παύει κόρον, ὕβριν ἀμαυροῖ,
  αὐαίνει δ' ἄτης ἄνθεα φυόμενα,
εὐθύνει δὲ δίκας σκολιὰς ὑπερήφανά τ' ἔργα
  πραΰνει, παύει δ' ἔργα διχοστασίης,
παύει δ' ἀργαλέης ἔριδος χόλον, ἔστι δ' ὑπ' αὐτῆς
  πάντα κατ' ἀνθρώπους ἄρτια καὶ πινυτά.

D. 3

Also wandert von Haus zu Haus das gemeinsame Übel;
auch das verrammelte Tor hält's deiner Wohnung nicht fern,
über die hohe Mauer klettert's und dringt es ins Innre,
magst du auch selber voll Angst flüchten ins tiefste Versteck.
Daran befahl mir mein Herz euch zu mahnen, o Volk der Athener!
Endlos mit Jammer beschwert Ungesetz unsere Stadt.
Wohlgesetz aber schafft Wohl und Heil für jegliches Wirken
und den Gesetzlosen legt zügelnde Fesseln sie an,
Trotziges mildert, Gelüste beschwichtigt und Übermut dämpft sie;
eh' noch es aufwächst, vertilgt sie das Verhängnis im Keim;
Recht, das gebeugt war, richtet sie grad und von Leidenschaft tolle
Herzen besänftigt sie rasch, Aufruhr zwingt sie ins Knie,
Streites unreine Gluten erstickt sie. Auf das Gesetz nur
gründet das Gute der Mensch, baut er Beständiges auf.

δήμῳ μὴν γὰρ ἔδωκα τόσον γέρας, ὅσσον ἀπαρκεῖ,
τιμῆς οὔτ' ἀφελὼν οὔτ' ἐπορεξάμενος·
οἳ δ' εἶχον δύναμιν καὶ χρήμασιν ἦσαν ἀγητοί,
καὶ τοῖσ' ἐφρασάμην μηδὲν ἀεικὲς ἔχειν·
ἔστην δ' ἀμφιβαλὼν κρατερὸν σάκος ἀμφοτέροισι,
νικᾶν δ' οὐκ εἴασ' οὐδετέρους ἀδίκως.

D. 5, 1–6

ÜBER SEIN POLITISCHES TUN

Ansehn so viel als ihm zukommt, gewährte ich willig dem Volke,
nahm seiner Würde nichts weg, fügte auch nichts ihr hinzu.
Wiederum duldet' ich's nicht, daß die reichen und mächtigen Herren
mehr besäßen als das, was ihnen rechtens gebührt.
Also wehrte mit starkem Schilde ich beiden Parteien,
daß nicht mit unrechter Macht einer den andren bedrückt.

εἰ δὲ πεπόνθατε λυγρὰ δι' ὑμετέρην κακότητα,
μὴ θεοῖσιν τούτων μοῖραν ἐπαμφέρετε·
αὐτοὶ γὰρ τούτους ηὐξήσατε ῥύματα δόντες
καὶ διὰ ταῦτα κακὴν ἔσχετε δουλοσύνην.
ὑμέων δ' εἷς μὲν ἕκαστος ἀλώπεκος ἴχνεσι βαίνει,
σύμπασιν δ' ὑμῖν χαῦνος ἔνεστι νόος·
εἰς γὰρ γλῶσσαν ὁρᾶτε καὶ εἰς ἔπη αἱμύλου ἀνδρός,
εἰς ἔργον δ' οὐδὲν γιγνόμενον βλέπετε.

D. 8

WIDER DIE FEIGHEIT DER BÜRGER

Wenn ihr ob eigner Verruchtheit diese Leiden müßt dulden,
schiebt doch den Göttern dann nicht schamlos die Schuld in die
Ihr habt ja selber beflissen den Herren die Leiter gehalten; [Schuh.
wundert euch nicht, wenn zum Dank nun man mit Knechtschaft
[euch lohnt.
Einzeln schleicht ihr ein jeder auf füchsischer Fährte; doch wo ihr
als Versammlung erscheint, wie seid ihr töricht und feig!
Immer schielt ihr nach Worten und hört auf des Schmeichlers Ge-
doch was verborgen sich tut, darauf habt ihr nicht acht. [rede,

ἐκ νεφέλης πέλεται χιόνος μένος ἠδὲ χαλάζης,
  βροντὴ δ' ἐκ λαμπρᾶς γίγνεται ἀστεροπῆς·
ἀνδρῶν δ' ἐκ μεγάλων πόλις ὄλλυται, ἐς δὲ μονάρχου
  δῆμος ἀιδρείῃ δουλοσύνην ἔπεσεν·
λίη⟨ν⟩ δ' ἐξ⟨ά⟩ραντ' οὐ ῥᾴδιόν ἐστι κατασχεῖν
  ὕστερον, ἀλλ' ἤδη χρὴ ⟨περὶ⟩ πάντα νοεῖν.

D. 10

VON DEN TYRANNEN

Schneesturm und Hagel bricht aus der Wolke jählings hernieder,
rollenden Donner gebiert rasch der zückende Blitz.
Oft schon rissen gewaltige Männer den Staat in den Abgrund,
Knechtschaft bringt der Tyrann leicht dem törichten Volk.
Läßt man zu sehr ihn erstarken, ist's hinterher schwer, ihn zu
klug ist, wer sich zuvor alles bedenkt, was er tut. [halten;

δήμῳ μὲν εἰ χρὴ διαφάδην ὀνειδίσαι,
ἃ νῦν ἔχουσιν, οὔποτ', ὀφθαλμοῖσιν ἂν
εὕδοντες εἶδον·
ὅσοι δὲ μείζους καὶ βίαν ἀμείνονες,
αἰνοῖεν ἄν με καὶ φίλον ποιοίατο.

οὐκ ἂν κατέσχε δῆμον οὐδ' ἐπαύσατο,
πρὶν ἀνταράξας πῖαρ ἐξεῖλεν γάλα.
ἐγὼ δὲ τούτων ὥσπερ ἐν μεταιχμίῳ
ὅρος κατέστην.

D. 25

WIDER DES VOLKES UNDANK

Das Volk, wenn ich denn gradheraus es schelten muß,
hätt' selbst im Traum mit eignen Augen nie erschaut,
was jetzt ihm eigen;
die Herrn jedoch, in deren Hand die Herrschaft liegt,
die sollten wohl mir dankbar sein wie einem Freund.

Gebändigt hätt' er nicht das Volk und nicht geruht,
bevor er selbst den fetten Rahm der Milch geschöpft.
Doch ich stand wie ein Grenzpfahl auf umkämpftem Feld
in ihrer Mitte.

῾Οὐκ ἔφυ Σόλων βαθύφρων οὐδὲ βουλήεις ἀνήρ·
ἐσθλὰ γὰρ θεοῦ διδόντος αὐτὸς οὐκ ἐδέξατο.
περιβαλὼν δ᾽ ἄγραν ἀγασθεὶς οὐκ ἐπέσπασεν μέγα
δίκτυον, θυμοῦ θ᾽ ἁμαρτῇ καὶ φρενῶν ἀποσφαλείς·
ἤθελον γάρ κεν κρατήσας, πλοῦτον ἄφθονον λαβὼν
καὶ τυραννεύσας ᾽Αθηνῶν μοῦνον ἡμέραν μίαν,
ἀσκὸς ὕστερον δεδάρθαι καὶ ἐπιτετρῖφθαι γένος.᾽

εἰ δὲ γῆς ἐφεισάμην
πατρίδος, τυραννίδος δὲ καὶ βίης ἀμειλίχου
οὐ καθηψάμην μιάνας καὶ καταισχύνας κλέος,
οὐδὲν αἰδεῦμαι· πλέον γὰρ ὧδε νικήσειν δοκέω
πάντας ἀνθρώπους.

οἳ δ᾽ ἐφ᾽ ἁρπαγαῖσιν ἦλθον, ἐλπίδ᾽ εἶχον ἀφνεάν
κἀδόκουν ἕκαστος αὐτῶν ὄλβον εὑρήσειν πολύν
καί με κωτίλλοντα λείως τραχὺν ἐκφανεῖν νόον.
χαῦνα μὲν τότ᾽ ἐφράσαντο, νῦν δέ μοι χολούμενοι
λοξὸν ὀφθαλμοῖσ᾽ ὁρῶσι πάντες ὥστε δήιον,
οὐ χρεών· ἃ μὲν γὰρ εἶπα, σὺν θεοῖσιν ἤνυσα,
ἄλλα δ᾽ οὐ μάτην ἔερδον, οὐδέ μοι τυραννίδος
ἁνδάνει βίαι τι [ῥέζ]ειν οὐδὲ πιείρας χθονός
πατρίδος κακοῖσιν ἐσθλοὺς ἰσομοιρίαν ἔχειν.

D. 23

AN PHOKOS

„Solon ist gewiß kein weiser, jedenfalls kein kluger Mann;
denn als Gott ihm Schätze darbot, wies er selber sie zurück.
Als der Fang ins Netz kam, da vergaß er ihn ans Land zu ziehn,
staunend stand er, ganz und gar verlassen von Vernunft und Mut.
Ja, wenn mir nur einmal solche Schätze fielen in den Schoß,
wär ich auch für einen Tag nur über mein Athen Tyrann,
willig ließ ich hinterdrein mich prügeln, gäb' mein Haus gern dran."

Wäre, daß mein Vaterland
stets ich schonte und auch der Tyrannenherrschaft süße Macht
von mir wies, entehrend oder schimpflich gar für meinen Ruhm,
reuen tut's mich nicht; ich meine, vielmehr, überwind dadurch
alle Menschen ich.

Aber all das Raubgesindel wiegte sich, von Gier berauscht,
kühn in Hoffnung, Reichtum zu erschachern; wähnte auch, obwohl
milde meine Rede geht, so sei doch streng und hart mein Sinn.
Albern war und töricht, was sie damals meinten, aber jetzt
werfen scheele Blicke sie und zürnen mir wie einem Feind;
freilich grundlos. Denn mit Gottes Hilfe, was ich einst versprach,
das vollbracht ich; andres tat ich auch nicht sinnlos, 's ist ja nicht
meines Amt's, Gewalt zu brauchen wie Tyrannen; unrecht wär's,
gleich zu teilen zwischen Herr und Knecht der Heimat fettes Land.

ἐγὼ δὲ τῶν μὲν οὕνεκα ξυνήγαγον
δῆμον· τί τούτων πρὶν τυχεῖν ἐπαυσάμην;
συμμαρτυροίη ταῦτ' ἂν ἐν δικῃ χρόνου
μήτηρ μεγίστη δαιμόνων 'Ολυμπίων
ἄριστα, Γῆ μέλαινα, τῆς ἐγώ ποτε
ὅρους ἀνεῖλον πολλαχῇ πεπηγότας·
πρόσθεν δὲ δουλεύουσα, νῦν ἐλευθέρα.
πολλοὺς δ' 'Αθήνας πατρίδ' ἐς θεόκτιτον
ἀνήγαγον πραθέντας, ἄλλον ἐκδίκως,
ἄλλον δικαίως, τοὺς δ' ἀναγκαίης ὑπό
χρειοῦς φυγόντας γλῶσσαν οὐκέτ' 'Αττικήν
ἱέντας, ὡς ἂν πολλαχῇ πλανωμένους,
τοὺς δ' ἐνθάδ' αὐτοῦ δουλίην ἀεικέα
ἔχοντας ἤθη δεσποτῶν τρομευμένους
ἐλευθέρους ἔθηκα. ταῦτα μὲν κράτει
ὁμοῦ βίην τε καὶ δίκην συναρμόσας
ἔρεξα καὶ διῆλθον ὡς ὑπεσχόμην.
θεσμοὺς δ' ὁμοίως τῷ κακῷ τε κἀγαθῷ
εὐθεῖαν εἰς ἕκαστον ἁρμόσας δίκην
ἔγραψα. κέντρον δ' ἄλλος ὡς ἐγὼ λαβών,
κακοφραδής τε καὶ φιλοκτήμων ἀνήρ,
οὐκ ἂν κατέσχε δῆμον· εἰ γὰρ ἤθελον,
ἃ τοῖς ἐναντίοισιν ἥνδανεν τότε,
αὖθις δ' ἃ τοῖσιν οὕτεροι φρασαίατο,
πολλῶν ἂν ἀνδρῶν ἥδ' ἐχηρώθη πόλις.
τῶν οὕνεκ' ἀλκὴν πάντοθεν ποιεύμενος
ὡς ἐν κυσὶν πολλῇσιν ἐστράφην λύκος.

D. 24

POLITISCHE RECHENSCHAFT

Ein einz'ges nur von dem, weshalb ich einst das Volk
versammelt, hätt' ich liegen lassen, eh's erfüllt?
Des zeuge du am Richterthron der Zeit für mich,
erhab'ne Mutter aller Götter im Olymp,
du weißt es ja, o dunkle Erde, der ich viel
der Steine, Male der Verschuldung, ausgrub einst;
die du geknechtet warst, du atmest wieder frei.
Aus Sklaverei, in die sie Willkür oder Recht
gezwungen, führt' ich viele nach Athen zurück
ins gottgeschenkte Vaterland; und andre auch,
die vor dem Schuldzwang fliehend in der Fremde rings
umirrten, schon der att'schen Sprache Klang entwöhnt;
auch denen, die daheim der Knechtschaft hartes Joch
ertrugen, zitternd vor der Willkür mächt'ger Herrn,
gab Freiheit ich zurück. Kraft des Gesetzes schuf
das alles ich, verbindend Macht mit strengem Recht.
Ich hab's vollendet, wie ich's damals euch versprach.
Gesetze schrieb ich euch, gerechte, welche klar
bestimmen, was dem Guten, was dem Bösen frommt.
Doch hätt' ein andrer Mann, ein Lump, der Frevel sinnt
und giert nach Gut, statt meiner euch geführt, der hätt'
das Volk im Zaum nicht halten können. Wär ich so'
verfahr'n, wie meine Gegner wünschten, oder hätt'
gar ihren Feinden ich erfüllt ihr Rachgelüst,
mit manchem Menschenleben hätt's die Stadt bezahlt.
Nach allen Seiten mußt' ich wehren, schützen, droh'n,
und wie ein Wolf, den Hunde hetzen, wandt ich mich.

Μνημοσύνης καὶ Ζηνὸς Ὀλυμπίου ἀγλαὰ τέκνα,
Μοῦσαι Πιερίδες, κλῦτέ μοι εὐχομένῳ·
ὄλβον μοι πρὸς θεῶν μακάρων δότε καὶ πρὸς ἁπάντων
ἀνθρώπων αἰεὶ δόξαν ἔχειν ἀγαθήν·
εἶναι δὲ γλυκὺν ὧδε φίλοις', ἐχθροῖσι δὲ πικρόν,
τοῖσι μὲν αἰδοῖον, τοῖσι δὲ δεινὸν ἰδεῖν.
χρήματα δ' ἱμείρω μὲν ἔχειν, ἀδίκως δὲ πεπᾶσθαι
οὐκ ἐθέλω· πάντως ὕστερον ἦλθε δίκη.
πλοῦτον δ' ὃν μὲν δῶσι θεοί, παραγίγνεται ἀνδρί
ἔμπεδος ἐκ νεάτου πυθμένος ἐς κορυφήν·
ὃν δ' ἄνδρες μετίωσιν ὑφ' ὕβριος, οὐ κατὰ κόσμον
ἔρχεται, ἀλλ' ἀδίκοισ' ἔργμασι πειθόμενος
οὐκ ἐθέλων ἕπεται, ταχέως δ' ἀναμίσγεται ἄτη·
ἀρχὴ δ' ἐξ ὀλίγου γίγνεται ὥς τε πυρός
φλαύρη μὲν τὸ πρῶτον, ἀνιηρὴ δὲ τελευτᾷ·
οὐ γὰρ δή⟨ν⟩ θνητοῖσ' ὕβριος ἔργα πέλει.
ἀλλὰ Ζεὺς πάντων ἐφορᾷ τέλος, ἐξαπίνης δέ,
ὥστ' ἄνεμος νεφέλας αἶψα διεσκέδασεν
ἠρινός, ὃς πόντου πολυκύμονος ἀτρυγέτοιο
πυθμένα κινήσας, γῆν κατὰ πυροφόρον
δηιώσας καλὰ ἔργα θεῶν ἕδος αἰπὺν ἱκάνει
οὐρανόν, αἰθρίην δ' αὖτις ἔθηκεν ἰδεῖν·
λάμπει δ' ἠελίοιο μένος κατὰ πίονα γαῖαν
καλόν, ἀτὰρ νεφέων οὐδὲν ἔτ' ἔστιν ἰδεῖν.
τοιαύτη Ζηνὸς πέλεται τίσις, οὐ δ' ἐφ' ἑκάστῳ
ὥσπερ θνητὸς ἀνὴρ γίγνεται ὀξύχολος,
αἰεὶ δ' οὔ ἑ λέληθε διαμπερές, ὅστις ἀλιτρόν
θυμὸν ἔχῃ, πάντως δ' ἐς τέλος ἐξεφάνη·

DIE ELEGIE AN DIE MUSEN

Mnemosynes und Zeus', des Olympiers, strahlende Kinder,
  die ihr Pieris bewohnt, höret, o Musen, mein Flehn!
Möchten die seligen Götter mich segnen und möchten die Menschen
  alle nur Gutes von mir denken und sagen allzeit;
süß auch sei den Freunden mein Leben, und bitter den Feinden,
  ehrwürdig jenen und lieb, diesen zu schauen ein Schreck.
Ja, ich möchte wohl Reichtum haben, doch will ich nicht unrecht
  jemals besitzen ein Gut; wirkt doch notwendig der Fluch.
Reichtum, den Götter verleihen, der bleibt bei dem Manne und wankt nicht,
  so wie auf felshartem Grund aufsteigt ein ragender Bau;
den aber menschliche Gier umbuhlt, der folgt ihr nicht willig,
  auch nicht entsteht er der allwaltenden Ordnung gemäß,
sondern im Zwange des Frevels; und es raubt im Nu ihn die Rache;
  kleiner Ursach' entspringt oft sie, gleich wie ein Brand,
winzig mag sie im Anfang erscheinen, doch endet sie schrecklich;
  Wohlstand aus Frevel gebor'n, nie ist er Sterblichen treu.
Zeus aber wacht überm Ausgang alles Geschehens und richtet.
  So wie im Frühling ein Sturm plötzlich die Wolken zerstreut,
wann er, vom Grund her die endlos wogende Meerflut erschütternd,
  dann auf dem trächtigen Feld furchtbar die Saaten verheert
und zu des Himmels Höhen, der Wohnung Unsterblicher, heimzieht,
  weithin ergießend ins Land silbern erschimmernden Glanz;
– über den fruchtbaren Äckern lacht wieder die frühere Sonne
  freundlich herab und nichts ist mehr von Wolken zu sehn: –
So vollendet Zeus die Vergeltung! Ganz anders als Menschen,
  die ein Geringes erzürnt; nie straft im Jähzorn der Gott.
Lange bleibt ihm auch keiner verborgen, wenn er im Herzen
  heimliche Freveltat sinnt; immer entlarvt ihn die Zeit.

ἀλλ' ὃ μὲν αὐτίκ' ἔτεισεν, ὃ δ' ὕστερον· οἳ δὲ φύγωσιν
αὐτοί, μὴ δὲ θεῶν μοῖρ' ἐπιοῦσα κίχῃ,
ἤλυθε πάντως αὖτις· ἀναίτιοι ἔργα τίνουσιν
ἢ παῖδες τούτων ἢ γέ⟨ν⟩ο⟨ς ἐξ⟩οπίσω.
θνητοὶ δ' ὧδε νοεῦμεν ὁμῶς ἀγαθός τε κακός τε,
ε⟨ὖ⟩ δ⟨ει⟩νὴν αὐτὸς δόξαν ἕκαστος ἔχει,
πρίν τι παθεῖν· τότε δ' αὖτις ὀδύρεται· ἄχρι δὲ τούτου
χάσκοντες κούφαισ' ἐλπίσι τερπόμεθα.
χὤστις μὲν νούσοισιν ὑπ' ἀργαλέῃσι πιεσθῇ,
ὡς ὑγιὴς ἔσται, τοῦτο κατεφράσατο·
ἄλλος δειλὸς ἐὼν ἀγαθὸς δοκεῖ ἔμμεναι ἀνήρ
καὶ καλὸς μορφὴν οὐ χαρίεσσαν ἔχων·
εἰ δέ τις ἀχρήμων, πενίης δέ μιν ἔργα βιᾶται,
κτήσεσθαι πάντως χρήματα πολλὰ δοκεῖ.
σπεύδει δ' ἄλλοθεν ἄλλος· ὃ μὲν κατὰ πόντον ἀλᾶται
ἐν νηυσὶν χρῄζων οἴκαδε κέρδος ἄγειν
ἰχθυόεντ' ἀνέμοισι φορεύμενος ἀργαλέοισιν,
φειδωλὴν ψυχῆς οὐδεμίαν θέμενος·
ἄλλος γῆν τέμνων πολυδένδρεον εἰς ἐνιαυτόν
λατρεύει, τοῖσιν καμπύλ' ἄροτρα μέλει·
ἄλλος Ἀθηναίης τε καὶ Ἡφαίστου πολυτέχνεω
ἔργα δαεὶς χειροῖν ξυλλέγεται βίοτον,
ἄλλος Ὀλυμπιάδων Μουσέων πάρα δῶρα διδαχθείς,
ἱμερτῆς σοφίης μέτρον ἐπιστάμενος·
ἄλλον μάντιν ἔθηκεν ἄναξ ἑκάεργος Ἀπόλλων,
ἔγνω δ' ἀνδρὶ κακὸν τηλόθεν ἐρχόμενον,
ᾧ συνομαρτήσωσι θεοί· τὰ δὲ μόρσιμα πάντως
οὔτε τις οἰωνὸς ῥύσεται οὔθ' ἱερά·
ἄλλοι Παιῶνος πολυφαρμάκου ἔργον ἔχοντες
ἰητροί, καὶ τοῖσ' οὐδὲν ἔπεστι τέλος·

Jener empfängt seine Strafe sofort, ein anderer später;
bist auch du selber entwischt, schläft doch nicht Gottes Gericht,
einmal kommt's und es büßt, auch schuldlos, Kind oder Enkel
künftig die Freveltat schwer, welche die Väter verübt.
Gute und Schlechte, sie denken all' ihren Zweck zu vollenden,
all' zu erreichen ihr Ziel; freilich, so lang sie nicht hemmt
irgendein mißlich Geschick, doch dann, dann jammern sie kläglich;
vorher ergibt sich ja leicht gaukelnder Hoffnung das Herz.
Wenn einer schwer mit Krankheit geplagt ist und bitterlich leidet,
hofft doch sein gläubiges Herz, daß ihm gesunde der Leib.
Manch armseliger Wicht dünkt gleichwohl groß sich und stattlich,
tapfer und gar noch schön, krumm und schief wie er ist.
Mancher entbehrt des Vermögens und Armut drückt ihn zu Boden,
er aber hofft doch stets, künftig würde er reich.
Jeder hastet nach andrem. Dieser durchstreichet auf Schiffen
Meere, denn Schätze begehrt heimzuschleppen sein Herz;
ihn verschlagen die tückischen Winde im fischreichen Wasser,
was aber gilt's ihm? Er setzt wagend sein Leben aufs Spiel.
Wieder ein andrer geht hinterm krummen Pflug und durchfurchet
mühvoll das baumreiche Land, hegt es jahraus und jahrein;
jenen, den Schüler Hephaists, des kunstreichen, und der Athena
nähret, das wohl er versteht, kärglich das Werk seiner Hand;
diesen segnen mit himmlischen Gaben olympische Musen,
daß er den innersten Grund seliger Weisheit erfaßt;
einen begabt auch Apollon, der Fernhintreffer, als Seher;
Unglück, das drohend dem Mann fernher heraufzieht, das schaut
frühe sein Blick, wenn ein Gott ihn erleuchtet; allein keines Vogels
Flug und kein Opfer wird je hemmen des Schicksals Vollzug.
Andre sind Ärzte und kennen zwar Paions vielfache Heilkunst,
dennoch haben auch sie über den Ausgang nicht Macht;

πολλάκι δ' ἐξ ὀλίγης ὀδύνης μέγα γίγνεται ἄλγος
κοὐκ ἄν τις λύσαιτ' ἤπια φάρμακα δούς·
τὸν δὲ κακῶς νούσοισι κυκώμενον ἀργαλέῃσιν
ἁψάμενος χειροῖν αἶψα τίθησ' ὑγιῆ.
Μοῖρα δέ τοι θνητοῖσι κακὸν φέρει ἠδὲ καὶ ἐσθλόν,
δῶρα δ' ἄφυκτα θεῶν γίγνεται ἀθανάτων.
πᾶσι δέ τοι κίνδυνος ἐπ' ἔργμασιν, οὐ δέ τις οἶδεν,
ᾗ μέλλει σχήσειν χρήματος ἀρχομένου·
ἀλλ' ὁ μὲν εὖ ἔρδειν πειρώμενος οὐ προνοήσας
ἐς μεγάλην ἄτην καὶ χαλεπὴν ἔπεσεν,
τῷ δὲ κακῶς ἔρδοντι θεὸς περὶ πάντα δίδωσιν
συντυχίην ἀγαθήν, ἔκλυσιν ἀφροσύνης.
πλούτου δ' οὐδὲν τέρμα πεφασμένον ἀνδράσι κεῖται·
οἳ γὰρ νῦν ἡμέων πλεῖστον ἔχουσι βίον,
διπλασίως σπεύδουσι· τίς ἂν κορέσειεν ἅπαντας;
κέρδεά τοι θνητοῖσ' ὤπασαν ἀθάνατοι,
ἄτη δ' ἐξ αὐτῶν ἀναφαίνεται, ἣν ὁπότε Ζεύς
πέμψῃ τεισομένην, ἄλλοτε ἄλλος ἔχει.

D. 1

denn oft wächst aus mäßigem Schmerz gar furchtbare Krankheit,
und die könnte kein Arzt heilen mit labendem Kraut;
doch dem bitterlich Leidenden gab die Gesundheit er wieder,
auflegend leicht seine Hand, wußte wohl selber nicht wie.
Siehe, Gutes und Böses beschert das Schicksal den Menschen,
keiner auf Erden entflieht dem, was der Himmel verhängt.
Alles Wirken ist voller Gefahren; ein Menschlein weiß niemals,
wenn mit dem Werk es beginnt, ob's bis zum Ende ihm glückt;
dieser fängt unter glücklichen Zeichen an, doch gerät er,
weil er's nicht sorglich bedacht, später in qualvolle Pein;
jenem, der glücklos begann, dem räumt ein Gott aus dem Wege
Fährnisse fort und er nimmt ihm seine Torheit hinweg.
Ohne Grenzen ist aber die Gier bei den Menschen nach Schätzen!
Sei einer reich wie er will, lebend in Fülle und Glanz,
morgen begehrt er das Doppelte; sättigt denn je sich die Habsucht?
Nur die Götter allein schenken dir bleibendes Gut!
Doch auch Verhängnis kommt uns von ihnen, und überall wandert's
rings auf der Erde umher, sendet zur Strafe es Zeus.

Παῖς μὲν ἄνηβος ἐὼν ἔτι νήπιος ἕρκος ὀδόντων
   φύσας ἐκβάλλει πρῶτον ἐν ἕπτ' ἔτεσιν.
τοὺς δ' ἑτέρους ὅτε δὴ τελέσῃ θεὸς ἕπτ' ἐνιαυτούς,
   ἥβης ἐκφαίνει σήματα γιγνομένης.
τῇ τριτάτῃ δὲ γένειον ἀεξομένων ἔτι γυίων
   λαχνοῦται χροιῆς ἄνθος ἀμειβομένης.
τῇ δὲ τετάρτῃ πᾶς τις ἐν ἑβδομάδι μέγ' ἄριστος
   ἰσχύν, ἥν τ' ἄνδρες σήματ' ἔχουσ' ἀρετῆς.
πέμπτῃ δ' ὥριον ἄνδρα γάμου μεμνημένον εἶναι
   καὶ παίδων ζητεῖν εἰσοπίσω γενεήν,
τῇ δ' ἕκτῃ περὶ πάντα καταρτύεται νόος ἀνδρός
   οὐδ' ἔρδειν ἔθ' ὁμῶς ἔργ' ἀπάλαμνα θέλει.
ἑπτὰ δὲ νοῦν καὶ γλῶσσαν ἐν ἑβδομάσιν μέγ' ἄριστος
   ὀκτώ τ'· ἀμφοτέρων τέσσαρα καὶ δέκ' ἔτη.
τῇ δ' ἐνάτῃ ἔτι μὲν δύναται, μαλακώτερα δ' αὐτοῦ
   πρὸς μεγάλην ἀρετὴν γλῶσσά τε καὶ σοφίη.
τὴν δεκάτην δ' εἴ τις τελέσας κατὰ μέτρον ἵκοιτο,
   οὐκ ἂν ἄωρος ἐὼν μοῖραν ἔχοι θανάτου.

D. 19

DIE LEBENSALTER

Wenn im siebenten Jahr der Knabe den ersten Zahnkreis
abstößt, ist er noch ganz unreif, der Sprache kaum Herr.
Wenn aber weitere sieben Jahre der Gott ihm vollendet,
kommen schon Zeichen hervor, daß ihm die Jugend nun reift.
Barthaar keimt ihm dann im dritten Jahrsiebent, und dunkler
färbt sich die blühende Haut, kraftvoll strafft sich sein Leib.
Aber des Mannes Stärke entwickelt sich jetzt in der vierten
Siebenerreihe zuhöchst. Taten vollbringt nun der Mann.
Doch im fünften Jahrsiebent trachte der Mann nach Vermählung,
daß in die Zukunft hinaus wachse ein blühend Geschlecht.
Drauf im sechsten reift des Mannes Gesinnung und stählt sich,
künftig mag er nicht mehr wirken an nichtigem Werk.
Vierzehn Jahre hindurch, im siebten und achten Jahrsiebent,
blühen in Fülle und Kraft Rede ihm und der Geist.
Auch im neunten noch manches, doch sinkt von der Höhe
kraftvoll männlichen Muts Weisheit und Wort ihm herab.
Wem aber Gott das zehnte Jahrsiebent zur Neige vollendet,
ihn ereilt dann der Tod wohl zu schicklicher Zeit.

νῦν δὲ σὺ μὲν Σολίοισι πολὺν χρόνον ἐνθάδ' ἀνάσσων
τήνδε πόλιν ναίοις καὶ γένος ὑμέτερον·
αὐτὰρ ἐμὲ ξὺν νηὶ θοῇ κλεινῆς ἀπὸ νήσου
ἀσκηθῆ πέμποι Κύπρις ἰοστέφανος·
οἰκισμῷ δ' ἐπὶ τῷδε χάριν καὶ κῦδος ὀπάζοι
ἐσθλὸν καὶ νόστον πατρίδ' ἐς ἡμετέρην.

D. 7, 1–6

εἰπεῖν μοι Κριτίῃ πυρρότριχι πατρὸς ἀκούειν,
οὐ γὰρ ἁμαρτινόῳ πείσεται ἡγεμόνι.

D. 18

ἀλλ' εἴ μοι κἂν νῦν ἔτι πείσεαι, ἔξελε τοῦτον,
μηδὲ μέγαιρ', ὅτι σεῦ λῷον ἐπεφρασάμην,
καὶ μεταποίησον, λιγυαιστάδη, ὧδε δ' ἄειδε·
'ὀγδωκονταέτη μοῖρα κίχοι θανάτου.'

D. 22, 1–4

AN PHILOKYPROS

Du aber mögest noch lange nun über die Solier herrschen,
  du und dein ganzes Geschlecht walte beglückt in der Stadt.
Aber mich selber geleite hinweg von der lieblichen Insel,
  schützend mein eilendes Schiff, Kypris mit Veilchen bekränzt.
Möchte sie ob der neu begründeten Stadt mir gewähren,
  Gunst und würdigen Ruhm, glückliche Heimkehr dazu.

AN KRITIAS

Sagt doch dem blonden Kritias, daß er dem Vater gehorche!
  Dann nämlich folget gewiß törichter Führung er nicht.

AN MIMNERMOS

Wenn du mir aber auch jetzt noch folgen wolltest, so tilge
  dies und verarg' es mir nicht, wenn ich vernünftiger sprach.
Ändre den Vers, du zärtlicher Dichter, und singe mir also:
  „Mag mich im achtzigsten Jahr treffen des Todes Geschick."

Πρῶτα μὲν εὐχώμεσθα Διὶ Κρονίδῃ βασιλῆϊ,
θεσμοῖς τοῖσδε τύχην ἀγαθὴν καὶ κῦδος ὀπάσσαι.

D. 28

δῆμος δ' ὧδ' ἂν ἄριστα σὺν ἡγεμόνεσσιν ἕποιτο,
μήτε λίαν ἀνεθεὶς μήτε βιαζόμενος·
τίκτει γὰρ κόρος ὕβριν, ὅταν πολὺς ὄλβος ἕπηται
ἀνθρώποισιν ὅσοις μὴ νόος ἄρτιος ᾖ.

D. 5, 7–10

ἀρχῶν ἄκουε κἂν δίκῃ, κἂν μὴ δίκῃ.

D. 27

πολλοὶ γὰρ πλουτοῦσι κακοί, ἀγαθοὶ δὲ πένονται·
ἀλλ' ἡμεῖς αὐτοῖσ' οὐ διαμειψόμεθα
τῆς ἀρετῆς τὸν πλοῦτον, ἐπεὶ τὸ μὲν ἔμπεδον αἰεί,
χρήματα δ' ἀνθρώπων ἄλλοτε ἄλλος ἔχει.

D. 4, 9—12

ἐξ ἀνέμων δὲ θάλασσα ταράσσεται· ἢν δέ τις αὐτήν
μὴ κινῇ, πάντων ἐστὶ δικαιοτάτη.

D. 11

δείξει δὴ μανίην μὲν ἐμὴν βαιὸς χρόνος ἀστοῖς,
δείξει ἀληθείης ἐς μέσον ἐρχομένης.

D. 9

BITTE AN ZEUS

Unser erstes sei ein Gebet an Zeus, den Kroniden,
daß den Gesetzen gesegnetes Wirken und Ruhm er verleihe.

FÜHRER UND VOLK

Dann folgt das Volk am willigsten stets seinen leitenden Führern,
wenn man ihm Freiheit und Zwang maßvoll und richtig bestimmt.
Nämlich dem Mann, den Besinnung nicht zügelt, wenn Reichtümer
stachelt unbänd'ger Genuß rasch zum Frevel das Herz. [locken,

BÜRGERPFLICHT

Den Führern folge, ob's dir Recht, ob Unrecht scheint.

GERECHTER STOLZ

Freilich sind viele Schurken reich und es darben wohl Edle,
dennoch wünschten wir nie, um ihr erbärmliches Geld
unsre Gesinnung zu tauschen, denn die ist ein bleibender Reichtum,
während das irdische Gut wandert und Treue nicht kennt.

WIND UND MEER

Nur von den Winden wird ja die Meerflut erschüttert; doch wenn
äuß're Gewalt nicht erregt, wogt sie in friedlichster Ruh. [sie

DIE ZEIT AIS RICHTERIN

Meinen „Wahnsinn" wird bald die Zeit den Bürgern enträtseln,
wenn erst ihr wahres Gesicht einmal die Dinge enthüll'n.

Ἶσόν τοι πλουτοῦσιν, ὅτῳ πολὺς ἄργυρός ἐστι
καὶ χρυσὸς καὶ γῆς πυροφόρου πεδία
ἵπποι θ' ἡμίονοί τε, καὶ ᾧ μόνα ταῦτα πάρεστι,
γαστρί τε καὶ πλευρῇ καὶ ποσὶν ἁβρὰ παθεῖν,
παιδός τ' ἠδὲ γυναικός, ἐπὴν καὶ ταῦτ' ἀφίκηται,
ἥβη· σὺν δ' ὥρῃ γίγνεται ἁρμόδια.
ταῦτ' ἄφενος θνητοῖσι· τὰ γὰρ περιώσια πάντα
χρήματ' ἔχων οὐδεὶς ἔρχεται εἰς Ἀίδεω,
οὐδ' ἂν ἄποινα διδοὺς θάνατον φύγοι οὐδὲ βαρείας
νούσους οὐδὲ κακὸν γῆρας ἐπερχόμενον.

D. 14

ὄλβιος, ᾧ παῖδές τε φίλοι καὶ μώνυχες ἵπποι
καὶ κύνες ἀγρευταὶ καὶ ξένος ἀλλοδαπός.

D. 13

ἔργα δὲ Κυπρογενοῦς νῦν μοι φίλα καὶ Διονύσου
καὶ Μουσέων, ἃ τίθησ' ἀνδράσιν εὐφροσύνας.

D. 20

οὐδὲ μάκαρ οὐδεὶς πέλεται βροτός, ἀλλὰ πόνηροι
πάντες, ὅσους θνητοὺς ἠέλιος καθορᾷ.

D. 15

μηδέ μοι ἄκλαυστος θάνατος μόλοι, ἀλλὰ φίλοισι
καλλείποιμι θανὼν ἄλγεα καὶ στοναχάς.

D. 22, 5–6

NATÜRLICHER REICHTUM

Gleicherweise sind beide reich: wer in Hülle und Fülle
Gold und Silber besitzt, Felder fruchtbaren Land's,
Pferde und Mäuler; und wer Notdurft nicht spürt und gesund an
Leib und Lenden und Fuß heiter sein Leben vollbringt,
auch der Knaben und Weiber sich freut, solange die Jugend
sie mit dem schimmernden Glanz holdester Schönheit umblüht.
Solches sind kostbare Schätze den Menschen. Es kann ja doch kei-
steigt er zum Hades hinab, mit sich schleppen sein Gut, [ner,
auch entflieht er um keinen Preis dem Tode und schwerer
Krankheit, und keinen verschont, naht erst das Alter, die Pein.

ZUFRIEDENHEIT

Glücklich, wer liebe Kinder besitzt und stampfende Rosse,
Hunde zu fröhlicher Jagd und aus der Fern' einen Gast.

NACH DER ARBEIT

Kypris und du, Dionys, und ihr Musen, ich weihe mich gerne
jetzt eurem Dienst, der dem Mann Heiterkeit schafft in der Brust.

MENSCHENLOS

Glücklich wandelt kein Sterblicher jemals die irdischen Pfade,
ach, auf ein duldend Geschlecht schauet die Sonne herab.

ABSCHIED

Gramvoll, wünscht' ich, wär' euch mein Tod! Denn ich möchte von
Tränen herzlich beweint scheiden zum Hades hinab. [Freundes

πάντῃ δ' ἀθανάτων ἀφανὴς νόος ἀνθρώποισιν.

D. 17

γνωμοσύνης δ' ἀφανὲς χαλεπώτατόν ἐστι νοῆσαι
μέτρον, ὃ δὴ πάντων πείρατα μοῦνον ἔχει.

D. 16

ἔργμασιν ἐν μεγάλοις πᾶσιν ἁδεῖν χαλεπόν.

D. 5, 11

*

ἔργμασιν ἐν μεγάλοις πᾶσιν ἁδεῖν χαλεπόν.

D. 5, 11

γηράσκω δ' αἰεὶ πολλὰ διδασκόμενος.

D. 22, 7

πολλὰ ψεύδονται ἀοιδοί.

D. 21

MENSCHENWISSEN

Keiner der Menschen erkennt der Götter verborgne Gedanken.

ERKENNTNIS

Das ist das schwerste: zu wissen verborgenes Maß der Erkenntnis!
  Aber in ihm ruht allein jeder entscheidende Sinn.

SCHWERE AUFGABE

Mußt nur was wahrhaft Großes wollen,
So werden wenige Dank dir zollen.

*

Trachtet nach Großem ein Mensch, schwer macht er's allen zu Dank.

NIMMERMÜDE

Trag' ich auch silbernes Haar, lern' ich doch immer noch gern.

DIE DICHTER

. . . Gar vieles lügen die Dichter.

Νείλου ἐπὶ προχοῇσι Κανωβίδος ἐγγύθεν ἀκτῆς.

D. 6

πίνουσι καὶ τρώγουσιν οἳ μὲν ἴτρια,
οἳ δ' ἄρτον αὐτῶν, οἳ δὲ συμμεμειγμένους
γούρους φακοῖσι· κεῖθι δ' οὔτε πεμμάτων
ἄπεστιν οὐδέν, ἅσσ⟨α τ'⟩ ἀνθρώποισι γῆ
φέρει μέλαινα, πάντα δ' ἀφθόνως πάρα.

σπεύδουσι δ' οἳ μὲν ἴγδιν, οἳ δὲ σίλφιον,
οἳ δ' ὄξος.

κόκκωνας ἄλλος, ⟨οὗ⟩τερος δὲ σήσαμα.

D. 26

VERSCHIEDENE BRUCHSTÜCKE

Nah am Ausfluß des Nils unweit der Kanobischen Küste...

Sie zechen und sie schmausen, süßes Backwerk die,
die andren Brot und fein mit Linsen untermischt
noch andre Weizenmehl. Es mangelt da wohl nichts
an irgendeiner Kost, so viel den Menschen trägt
die dunkle Erde, alles gibt's im Überfluß.

Nach Tanz und nach Gewürz verlangt ihr Herz und nach
Weinessig...

Der eine Mistelbeern, der andre Sesamöl.

Nachwort

Nach Diogenes Laertius besaß man im Altertum fünftausend solonische Verse; darin seien, sagt dieser Autor, die Gesetze einbegriffen, die nach Meinung einiger Gelehrter in Versen abgefaßt gewesen wären. Das letzte ist aber nicht wahrscheinlich, zumal Aristides ausdrücklich betont, Solon habe sich bei den Gesetzen und bei seinen Reden der Prosa bedient. Cicero und Dio Chrysostomus zählen ja Solon auch unter die berühmten Redner.

Die Gedichte waren in mehreren Abteilungen angeordnet, von denen wir die Überschriften kennen, was uns indessen insofern wenig hilft, als wir nicht wissen, was unter diesen Überschriften zu lesen stand. Erhalten geblieben als kostbares Vermächtnis frühgriechischen Geistes sind uns etwa dreihundert Verse.

Die schriftliche Überlieferung der Gedichte verdanken wir vor allem Plutarch, Demosthenes (oder vielmehr einem unbekannten Grammatiker, der ein Solon-Zitat in einer Rede des Demosthenes vollständig nachtrug), Diogenes Laertius und Aristoteles, dessen den Solon ausführlich behandelnde Schrift „Vom Staatswesen der Athener" uns der Sand Ägyptens wiedergeschenkt hat. In der Textausgabe von Ernst Diehl bei Teubner findet, wer es zu wissen wünscht, die Überlieferung jedes einzelnen Fragmentes genau verzeichnet.

Ein Wort zu den Übersetzungen möchte hier am Platz sein. Eine vollständige Übertragung aller heute bekannten Fragmente ist mir nicht bekannt. Auch eine neuere aus unserer Zeit und für unsere Zeit fehlt merkwürdigerweise, deshalb merkwürdigerweise, weil doch gerade unsere Gegenwart ein tiefes Verständnis für den in Solons Dichtungen kraftvoll und erstmalig Ausdruck gewinnenden Geist des echten Politischen haben muß. In alten und neuen Anthologien findet man einzelne von Herder oder Geibel übersetzte Stücke (neuerdings in dem von H. Rüdiger zusammengestellten Tusculum-Band bei Ernst Heimeran). Die an Übersetzungen so überaus reiche spätere Goethezeit hat, getragen von dem durch die Romantiker willig aufgenommenen Goetheschen Gedanken der Weltliteratur, freilich auch den Solon nicht vergessen. Was man damals von seinen Fragmenten kannte, ist in dem Buch von W. E. Weber „Die elegischen Dichter der Hellenen“ (Frankfurt a. M. 1826) und in dem von G. C. Braun „Die griechischen Weisen als Sänger“ (Mainz 1828) enthalten. Aber beide Bücher sind heute kaum mehr zu erreichen, auch in großen Bibliotheken nicht leicht. Kommt hinzu, daß die Sprache der beiden verdienstvollen, aber ein wenig pedantischen Gymnasiallehrer, die weit hinter der Dichtersprache ihrer Generation zurückbleibt (die freilich mit den Verdeutschungen von Shakespeare, Calderon oder Tasso durch Tieck, Schlegel und Gries noch heute unüberbietbare Meisterleistungen der Übersetzungskunst geschaffen hat), von den Menschen unserer Tage kaum noch mit Genuß gelesen werden kann. Schließlich gibt es eine philologisch anspruchsvollere, aber in ihren textkritischen Ergebnissen heute gänzlich überholte Übersetzung von J. A. Hartung im ersten Band seiner „Griechischen Elegiker“ (Leipzig 1859),

deren Verse jedoch von folgender Art sind: „Zeus des olympischen und der Erinnerung herrliche Töchter / Musen, pierische, hört meine Gebete verleiht / Wohlstand ..." oder: „Schiebet die Schuld von dem nicht auf die Götter, denn ihr / ihr selbst habt sie erhöht ..." Alle die genannten Übersetzungen entbehren der wichtigen politischen Fragmente, die uns der neue Aristoteles geschenkt hat. (Aristoteles' „Schrift vom Staatswesen der Athener" wurde von G. Kaibel und A. Kiessling – 2. Aufl. Straßburg 1891 – und von Aug. Keseberg – im „Jahresbericht für das Progymnasium ... zu Eupen für das Schuljahr 1892–93 – übersetzt.)
Für den griechischen Text haben wir uns an die jüngste und jetzt allgemein maßgebende Ausgabe von Ernst Diehl in seiner „Anthologia lyrica graeca" (Leipzig, 2. Auflage 1936) gehalten. Unübersetzt blieb D. 12.
Warum ich von der Anordnung Diehls abgewichen bin, muß ich kurz begründen. Eine chronologische ist bei der geringen Zahl der uns überkommenen Reste kaum möglich, höchstens für die politischen Fragmente einigermaßen, doch hat auch da selbst v. Wilamowitz-Moellendorff auf eine absolute Entscheidung resigniert verzichtet. Wie Bergk es tat, nach Versmaßen zu ordnen, ist gänzlich mechanisch und sinnlos. Bleibt die sachliche Gruppierung, wie ich sie versucht habe. Aber auch da bin ich nicht pedantisch gewesen. Das Gedicht an Phokos z. B. steht seines Inhalts wegen unter den politischen, obwohl man es in der Gruppe „An Personen" suchen könnte. Während die anderen Ausgaben gewöhnlich mit der großen Elegie an die Musen beginnen, obwohl sie unmöglich eine frühe Dichtung ist – „jenes wunderbare gedicht, in dem der fromme des lebens und strebens summe zieht" sagt v. Wilamowitz-Moellendorff –, habe ich es vorgezogen, diese für die Weltanschauung Solons, zumindest für unsere Kenntnis von ihr, entscheidende Dich-

tung zusammen mit dem die Lebensordnung darstellenden Hebdomadengedicht in die Mitte zu rücken als Gipfel und Zentrum des Ganzen. Das wird man für berechtigt gelten lassen. Daß ich verschiedene bei Diehl unter eine Fragmentnummer geordnete Bruchstücke wieder voneinander getrennt habe, ist nur da geschehen, wo jene Bruchstücke augenscheinlich als Kernsprüche, gleichsam Aphorismen zur Lebensweisheit, von der Überlieferung bewahrt worden sind, und wo sie sich nicht mit Notwendigkeit an die anderen Bruchstücke anschließen. Diese Kernsprüche schienen mir an Gewicht und Bedeutung zu verlieren, wenn man sie anreiht an ein vorgebliches Ganze, das unsere Phantasie doch nicht greifen kann. Bei der für Solons archaische Geistigkeit charakteristischen Art der Darstellung, ihre Gedanken schlicht nebeneinander zu ordnen oder gegensätzlich zu stellen, paßt freilich Vieles zu Vielem. Daß wir aber bei solcher Zusammenordnung nichts Erhebliches gewinnen, das erkennt, wer die großartig strenge Komposition eines Ganzen, wie es uns in der Musenelegie, dem Hebdomadengedicht und in etwa auch in der großen Staatselegie zum Glück erhalten ist, überschaut. Solange nicht ein derartiges Aufbaugesetz irgendwo erwiesen werden kann – und das erlauben die Reste jetzt nicht –, ist die bloß inhaltliche Zusammenstellung nicht zwingend.

Erläuterungen zu den Gedichten

S. 12–13. Drei Fragmente der Elegie „Salamis"

Die acht erhaltenen sind der Rest von hundert Versen einer der frühesten Dichtungen Solons, die ihm den Weg zu seinen ersten politischen Erfolgen bahnte. (Von früheren Versen, die nach Plutarchs Angabe Gelegenheitsgedichte gewesen sein sollen, ist nichts erhalten.) Damals hatten die Athener nach vergeblichen Versuchen, den Megarern die Insel Salamis wegzunehmen, ein Gesetz erlassen, das demjenigen die Todesstrafe androhte, der die leidige Salamisfrage irgendwie wieder aufrühre. Allein Solon, der zu gut die wirtschaftliche und handelspolitische Bedeutung dieser der athenischen Küste vorgelagerten Insel kannte, wollte sich dennoch nicht mit dem Verlust abfinden. Es heißt, er sei eines Tages, angetan mit Hut und Mantel wie ein Wanderer, auf dem Markte erschienen, sei auf den Heroldstein hingetreten und habe, während er, um der Bestrafung zu entgehen, sich wahnsinnig stellte, seine selbstgedichtete, hundertversige Elegie so begeisternd vorgetragen, daß daraufhin von neuem der Krieg beschlossen worden sei, in welchem man ihn, den Solon, zum Feldherrn ernannt habe. Um die Hergänge bei der Eroberung hat die Sage ihren blütenfrohen Kranz gewoben,

Solons Klugheit und Mut verherrlichend. Plutarch berichtet in seinem Leben Solons gleich zwei verschiedene Versionen. Solon sei mit Peisistratos nach dem Vorgebirge Kolias abgesegelt, das ostwärts vom Phaleron an der attischen Küste liegt. Dort wären gerade die Frauen Attikas beim Feste der Demeter versammelt gewesen. Solon habe nun einen Mann nach Salamis entsendet, der, sich als Überläufer ausgebend, die Megarer veranlaßt hätte, sich zum Raube der attischen Frauen aufzumachen. Unterdessen aber hätte Solon Jünglinge in die Frauengewänder verkleidet und ihnen Dolche unterm Gewand zu tragen gegeben. Diese Jünglinge hätten, wie das Schiff von Salamis her in Sicht gekommen sei, am Meeresufer zum Scheine sich mit Tanz und Spiel vergnügt. Wie nun die Megarer angelandet wären und die vermeintlichen Frauen hätten rauben wollen, seien sie alle von den Jünglingen niedergemacht worden. Solon sei mit der Mannschaft indessen übergesetzt und habe die von den Männern entblößte Insel leichter Hand eingenommen. Nach der anderen Erzählung habe Solon nach Weisung des Delphischen Apollon auf Salamis heimlich den Heroen ein Opfer dargebracht, darauf ein Schiff der Megarer abgefangen und mit eigenen Leuten besetzt, die dann die Insel eingenommen hätten. Ein spartanisches Schiedsgericht hätte die Ansprüche der Athener auf Salamis gutgeheißen, nachdem aus dem Homer und aus der Sage hinreichende Argumente für diesen Besitzanspruch vorgebracht worden seien ... – Geschichtlich sicher ist jedenfalls, daß Salamis seit der Solonischen Eroberung im Besitz der Athener geblieben ist, obwohl erst Peisistratos die Kämpfe mit den Megarern zum Abschluß brachte.

S. 13, Z. 3 und 4: Pholegandros und Sikinos sind zwei winzige und gänzlich unbedeutende Inseln zwischen Melos und Naxos. Die Bezeichnung als Pholegandrier oder Sikinet besagt also etwa „ein

Mann aus Kleinposemuckel", „einer von hinter dem Mond", ein Tölpel und Tropf.

S. 14–15. An die Bürger

Aristoteles im „Staat der Athener" berichtet, daß dies Gedicht vor allem die Athener veranlaßt habe, dem Solon Auftrag und Macht zur neuen Gesetzgebung in die Hand zu legen. Es muß also kurz vor 594 entstanden sein. Aristoteles gibt den Inhalt des Gedichtes, aus dem er nur einzelne Verse zitiert, mit folgenden Worten an: „In diesem Gedicht zeigt sich Solon im vollen Besitz seiner politischen Einsicht: er verficht die beiderseitigen Interessen gegen beide Parteien, er prüft die strittigen Ansprüche und ermahnt schließlich beide, vom begonnenen Zwiste abzustehen. An vornehmer Herkunft und persönlichem Ansehen konnte Solon es mit den ersten Männern im Lande aufnehmen, aber nach seinen Vermögensverhältnissen gehörte er nur dem Mittelstande an ..." (nach der Übersetzung von Kaibel und Kiessling).

S. 15, Z. 3: Der abgebrochene Satz ist etwa fortzusetzen: ..., daß der Egoismus und die Rücksichtslosigkeiten der Reichen an allem schuld sind.

S. 15, Z. 4 ist bei Aristoteles mit folgenden Worten überliefert: „Und gleich zu Anfang des Gedichtes bezeichnet er die ‚schnöde Geldgier und den Übermut' als die besorgniserregende Quelle allen Haders" (Kaibel und Kiessling, a. a. O., S. 7).

Die bei Diehl hier zugeordneten vier Zeilen geben wir unter den „Sprüchen der Weisheit".

S. 16–19. Die große Staatselegie

Interpretationen des Textes geben U. v. Wilamowitz-Moellendorff: „Aristoteles und Athen", Bd. II, S. 305 ff. (überhaupt sind hier alle Fragmente kurz besprochen), und W. Jaeger: „Solons Eunomie“ (Sitzungsberichte der preuß. Akademie der Wissenschaften, 1926, S. 69 ff.); letzterer Aufsatz ist vor allem wichtig für das geschichtliche Verständnis der ethischen und religiösen Begriffe Solons.

S. 20–21. Über sein politisches Tun

Wohl aus den Jahren 593–91 und wie die folgenden Fragmente Rechenschaft und Verteidigung seines Gesetzwerkes. Die Verse, die Aristoteles unmittelbar darauf zitiert, haben wir, obwohl sie Diehl jenen ersteren anfügt, S. 42–43 unter den Sprüchen angeordnet; die Anfügung bei Diehl hat nichts Zwingendes, sie ist nur möglich (so auch U. v. Wilamowitz-Moellendorff: „Aristoteles und Athen“ II, S. 308).

S. 22–23. Wider die Feigheit der Bürger

Diese Verse werden schon von Diogenes Laertius auf Peisistratos bezogen, können aber auch jeder anderen Zeit angehören, sind sogar vor der Gesetzgebung denkbar.

S. 24–25. Von den Tyrannen

Vergleiche W. Jaeger: „Solons Eunomie“, a. a. O.

S. 28–29. An Phokos

Über Phokos, wohl einen Freund Solons, ist nichts bekannt. – Zum Gedicht vergleiche U. v. Wilamowitz-Moellendorff: „Aristoteles und Athen“, II, S. 309. – Solon läßt hier anfangs einen anderen sprechen, der sich über seine, Solons, ihm ganz unverständliche Rechtlichkeit lustig macht. – Das Gedicht ist das einzige in Trochäen, das erhalten ist.

S. 30–31. Politische Rechenschaft

Z. 6: Steine = Schuldsteine, wie sie auf den belasteten Äckern aufgestellt werden mußten; diese trugen Angaben, an wen und wie hoch ein Grundstück verschuldet war.

S. 32–37. Die Elegie an die Musen

Zum Ganzen vergleiche die Interpretationen bei U. v. Wilamowitz-Moellendorff: „Sappho und Simonides", S. 257 ff., und bei E. Römisch: „Studien zur älteren griechischen Elegie" (Frankfurter Studien zur Religion und Kultur der Antike. Herausgegeben von W. F. Otto, Frankfurt a. M. 1933).

S. 33, Z. 1: Mnemosyne = Personifikation der Erinnerung; bei Hesiod (Theogonie 54) wird sie eine Beherrscherin der Fluren von Eleuthera genannt. Ihre Kinder, die neun Musen, zeugte sie mit Zeus.

S. 33, Z. 2: Pieris ist eine Landschaft Makedoniens nördlich vom Olympos, an der Grenze Thessaliens. Die Landschaft war als die Heimat des Orpheus bekannt. Hier blühte auch der Musendienst schon früh, weshalb die Musen gern „die Pierischen" genannt werden.

Die beiden ersten Verse mit der Musenanrufung sind aus dem traditionellen Stil der Epik genommen. Natürlich können die Musen nicht die Erfüllung der Bitte dem Sänger von den Göttern verschaffen; eine Vermittlerrolle, wie etwa christlichen Heiligen, steht ihnen nicht an. Auch ist das ganze Gedicht eigentlich kein Gebet mehr, sondern „eine denkende Auseinandersetzung Solons mit der religiösen Überlieferung vom Standpunkt seiner höheren rechtlichen und sozialen Ethik" (W. Jaeger: a. a. O., S. 71), schließlich eine Mahnung an seine Mitmenschen, zu der der Dichter als Wissender Recht und Verpflichtung hat.

S. 32, Z. 11 lese ich statt des bei Diehl ergänzten μετίωσιν lieber mit anderen τιμῶσιν.

S. 33, Z. 19: Nach griechischer Anschauung wehen die Winde aus dem Erdinnern (τυφωέος εὑναί).

S. 34, Z. 39 und 40 halten verschiedene Gelehrte für unecht; der Meinung sind wir auch.

S. 35, Z. 46: das baumreiche Land. In Attika waren die Felder mit Obst- und Olivenbäumen bepflanzt, an denen sich die Weinreben rankten. Die Bauern mußten um die Bäume herumpflügen, ein beschwerliches Geschäft.

S. 35, Z. 47/48: Athena und Hephaistos sind die Schutzherrn jeder Art τέχνη, der Künste und Handwerke also.

S. 35, Z. 51: der Fernhintreffer. Schon bei Homer hat Apollon dies Beiwort; es bezieht sich auf sein Amt als Todesgott, als welcher er mit dem fernhintreffenden Pfeil die Menschen erlegt; auch Pest und Seuchen sendet er mit seinem unfehlbaren Geschoß (Ilias I, 44 ff.).

S. 35, Z. 54: Vogelflug ist eine Praxis der Opferkünstler und Weissager.

Apollon kann die Gabe der Weissagung verleihen, wenn er von Zeus gleichsam Auftrag hat. Daß er außerdem Chorführer der Musen und Schutzherr von Kunst und Dichtung ist, steht damit in Zusammenhang, denn in alter Zeit ist Weissagung, Wissen und Gesang ganz nahe miteinander verwandt, wie ja auch bei den Römern vates, Orakelsprecher, zugleich das einzige heimische Wort für Dichter ist; poeta ist griechisches Lehnwort. Der Sänger bei den Phäaken heißt der „göttliche Demodokos". Durch den singenden Menschen redet etwas Göttliches, und noch Platon spricht von dem „heiligen Wahnsinn" des Dichters im Schaffen. Der Dichter Solon gewann aus dieser alten Geltung und Würde des Gesanges Recht und Macht seiner sittlichen Erzieheransprüche; aus Weissagung ist Wissen geworden, aber das große Wissen der Weisheit, nicht das kleine der Klugheit, das Wissen um Notwendigkeiten, nicht um Nützlichkeiten.

S. 35, Z. 55: Paion ist bei Homer der Arzt der Götter (Ilias V 401, 899); die Ärzte sind sein Geschlecht, sagt die Odyssee (IV 232). Später mischen sich Apollon, Paion und Asklepios.

S. 36, Z. 65 übersetze ich das προνοήσας kausal, welche Bedeutung Römisch überzeugend dargetan hat.

S. 38–39. Die Lebensalter

Eine ausführliche Interpretation des lange als Solonisch bestrittenen Gedichtes gibt E. Römisch in seiner oben zitierten Arbeit. Durch Vergleiche mit Mimnermos und Simonides gelingt es Römisch, die charakteristische Geistigkeit Solons aufzuzeigen; auch die künstlerische Komposition erläutert Römisch sehr fein. – Vergleiche ferner den Aufsatz von W. Schadewaldt: „Lebenszeit und Greisenalter im frühen Griechentum" (Die Antike IX, 1933). – Zur Geschichte des Problems der biologischen Lebensordnung: W. H. Roscher: „Die Hebdomadenlehre der griechischen Philosophen und Ärzte" (1906).

S. 40–41. An Philokypros

Philokypros war Herr der Stadt Apeia (= die Hochgelegene) auf Kypern, von Geburt ein Grieche. Bei seinem Besuche dort riet Solon ihm, seine Stadt vom Felsen in die Ebene hinab zu verlegen, wo sie mehr Freiheit sich zu entwickeln haben würde. Philokypros führte den Rat seines Freundes aus und nannte die neue Stadt diesem zu Ehren Soloi. Das ist ein charakteristisches Bild der Zeit, in der die alten Herrensitze gegen die Handel und Gewerbe treiben-

den Städte bedeutungslos werden. – Der Sohn des Philokypros fiel bei der Empörung der Ionier auf der Insel (Herodot V, 113).
S. 41, Z. 4: Kypris ist die Schirmgöttin der Insel, die den Namen nach ihr trägt. Als Frühlingsgöttin schmückt sich Aphrodite mit Blumen.

S. 40–41. An Kritias

Ein junger übermütiger Mann aus vornehmem, vielleicht dem Solon verwandtem Haus, dessen Erziehung kein leichtes Problem gewesen sein mag. Er war der Sohn des Archon Dropides, dessen Hausfreund Solon war. Sein Enkel, der jüngere Kritias, erwähnt in Platons „Timäos", er habe, als er zehn Jahre alt gewesen, jenen als neunzigjährigen Greis die Geschichte von Solons Atlantis vortragen hören. Das Haus des Dropides zeichnete sich durch edle Humanität aus. Nicht nur Solon, auch Anakreon und andere Dichter haben es gepriesen. Vergleiche auch Platons „Charmides". (Diese Angaben nach W. E. Weber: „Die elegischen Dichter der Griechen", 1826, S. 507.)

S. 40–41. An Mimnermos

Mimnermos ist ein ionischer Lyriker aus Kolophon und lebte um 600 v. Chr., also zu Solons Zeit. v. Wilamowitz schreibt zur Interpretation der beiden Distichen die schönen Sätze: „Der (Mimnermos) hatte nichts im leben getan als genossen und da sah er voraus, daß er als sechzigjähriger mit dem genießen und dem leben fertig sein würde; auf die hefe des tranks mochte er darum verzichten. Solon führte ihm gegenüber die sache der natur und der ächten menschenweisheit. er war mit sechzig jahren weder zum genusse unfähig noch lebensmüde und plaedirt deshalb für weitere zwanzig jahre. er fürchtet kein grämliches alter, ist egoist genug, zu wünschen, daß er sterbend eine lücke lasse, wozu dann freilich gehört, daß er solange er lebt seinen posten ausfüllt, und er weiß, daß seine existenz niemals leer werden wird."

S. 42–43. Bitte an Zeus

Diese Hexameter sind nicht mit Gewißheit als solonisch zu erweisen, beziehen sich aber zweifellos auf sein Gesetzwerk. Plutarch führt sie als Anfang einer metrischen Abfassung der Gesetze an; nach der Meinung anderer sei diese aber nicht von Solon abgefaßt.

S. 42–43. Wind und Meer

Das Bild muß als Vergleich gedient haben: So wie das Meer, so ist auch das Volk an sich friedfertig, aber leicht zu erregen durch Agitatoren, Volksführer oder Leute, die nach der Tyrannis streben.

S. 42–43. Die Zeit als Richterin

Diogenes Laertius berichtet, Solon habe, als ihm klar wurde, Peisistratos strebe nach der Tyrannis, in der Versammlung die Athener gewarnt. „Männer von Athen", so habe er gesprochen, „ich bin klüger sowohl als auch mutiger als mancher andere: klüger, indem ich den Trug des Peisistratos durchschaue, mutiger, indem ich beherzt das auch sage." Die Versammlung, die schon von Peisistratos auf seine Seite gebracht worden sei, habe ihn, den Solon, für wahnsinnig, für toll erklärt, worauf Solon mit unseren beiden Versen geantwortet habe.

S. 46–47. Erkenntnis

Für die neue, auf persönliche Erfahrung und Erkenntnis gesetzlicher Naturnotwendigkeiten gegründete Ethik Solons ist dieser Spruch einer der wichtigsten. Der Sinn ist: Wer nicht ein Ding ganz und bis in den Grund erkennt, fällt handelnd nachher in Schuld (er begeht Fehler), die er sich selbst zuschreiben muß; der Gott kann für menschliche Unwissenheit nicht verantwortlich gemacht werden. Wissen, Erkennen ist für den Menschen Schicksalsaufgabe. Ohne Weisheit ist alles Tun ohne Segen, Weisheit aber ist das Wissen um das Göttliche. So ist Solons Weltanschauung tief religiös verwurzelt, und sein ganz persönlich verantwortungsbewußtes Wissen ist zuletzt getragen von seiner Frömmigkeit; denn ohne Glauben gibt es keine Weisheit, kein wissendes Umfassen und Ergreifen des Letzten und Tiefsten, des Ganzen.

Inhalt

DIE TUSCULUM-BÜCHER

Antike Autoren im Urtext mit deutscher Übertragung

Aesopische Fabeln
ed. Hausrath, 152 S. Ln. RM 4.-

Aischylos: *Die Perser*
ed. Lange. 104 Seit. Ln. RM 3.-

(Aland): *Das Evangelium*
320 Seiten. Leinen RM 6.-

Alkiphron: *Hetärenbriefe*
ed. Plankl. 100 Seit. Ln. RM 3.-

Apuleius-Musaios: *Amor-Psyche Hero-Leander* 144 S. Ln. RM 4.-

Aristoteles: *Biologische Schriften*
ed. Balss. 304 S. H'Lein. 4.50

Augustus: *Meine Taten*
ed. Gottanka, 92 S. H'Ln. RM 2.-

Catull: *Sämtliche Gedichte*
ed. Schöne. 200 S. Lein. RM 4.50

Cicero: *Meisterreden*
ed. Horn-Siegert. 348 S. L. RM 6.-

(Düll): *Corpus Juris*
260 Seiten. Leinen RM 5.50

Euripides: *Medea*
ed. Lange. 120 S. Ln. RM 3.50

(Geist): *Wandinschriften*
108 Seiten. Leinen RM 3.70

(Heimeran): *Antike Weisheit*
152 Seiten. Leinen RM 4.-

Heraklit: *Fragmente*
ed. Snell. 40 Seit. Ln. RM 2.-

(Hofmann): *Antike Briefe*
144 Seiten. Leinen RM 4.-

Horaz: *Oden und Epoden*
ed. Burger. 296 Seit. Ln. RM 5.-

Horaz: *Satiren und Briefe*
ed. Schöne. 400 S. Ln. RM 5.50

Lukian: *Tod des Peregrinos*
ed. Nestle. 56 Seit. Ln. RM 2.-

Martial: *Sinngedichte*
ed. Rüdiger. 284 S. Ln. RM 5.50

(Müri): *Arzt im Altertum*
216 Seiten. Leinen RM 4.50

Ovid: *Briefe der Leidenschaft*
ed. Gerlach. 320 S. Ln. RM 5.50

Ovid: *Liebeskunst*
ed. Burger. 240 Seit. Ln. RM 5.-

Petron: *Trimalchio*
ed. Hoffmann. 176 S. Ln. RM 4.50

Plato: *Gastmahl*
ed. Boll. 160 S. Ln. RM. 3.—

Plutarch: *Liebe und Ehe*
ed. Sieveking. 184 S. Ln. RM 4.50

(Reutern): *Hellas*
288 Seiten. Leinen RM 5.50

(Rüdiger): *Griechische Gedichte*
368 Seiten. Leinen RM 5.-

(Rüdiger): *Lateinische Gedichte*
340 Seiten. Leinen RM 5.50

(Rüdiger): *Schiller-Goethe Übertragungen*. 464 S.
H'Lein. RM 7.—

Sallust: *Catilina*
ed. Schöne. 128 S. Ln. RM 3.50

Sappho: *Gedichte*
ed. Rupé. 72 S. RM 2.—

(Scheffer): *Froschmäusekrieg*
64 Seiten. Leinen RM 2.-

(Snell): *Sieben Weise*
184 Seiten. Leinen RM 4.-

Sophokles: *Antigone*
ed. Barthel. 122 S. Ln. RM 3.50

Tacitus: *Germania*
ed. Ronge. 126 S. Ln. RM 3.80

Tacitus: *Die Römer in England*
ed. Sieveking. 224 Seiten.
Gebunden RM 3.50

Theophrast: *Charaktere*
ed. Plankl. 88 S. H'Ln. RM 2.50

Tibull: *Elegien*
ed. Fraustadt. 144 S. Ln. RM 4.-

Walthari
ed. Ronge. 108 S. Ln. RM 3.30

Stand vom Herbst 1944. Mehrere Bände vergriffen

www.ingramcontent.com/pod-product-compliance
Lightning Source LLC
La Vergne TN
LVHW010941100826
845153LV00002B/109